D DAY

Œuvres de Serge de Filippi

Texte historique de Georges Bernage
Traduit en anglais par C. et J.P. Hardy

Préface de Bill Millin

EDITIONS HEIMDAL

Georges Bernage
historien

Serge de Filippi
artiste

Bill Millin
héros du Jour J

"LE MOT DE L'EDITEUR"

The three characters whom you will follow throughout this pamphlet have met in order to introduce the younger generation to a well-known page of our history. To-day, we live in freedom thanks to the will, courage and sacrifice of thousands of soldiers who took part in the Invasion of Normandy on June 6th, 1944, to restore freedom upon the French soil. Bill Millin is one of our heroes and is present throughout this pictorial history book. He may be consirered as a symbol of the high qualities of all the soldiers who acted on D-Day and he remains a priviledged witness of these events so that every reader may recall this great historical period.

While Bill Millin was piping traditional Scottish tunes across the Norman beaches ahead of Lord Lovat's Green Berets, Serge de Filippi was a young boy juste like you to-day. He was so much impressed by the events that he kept a great interest all along his life for his part of our history. Fifty years later, he decided to paint the images that he had kept as a vivid reminiscence in his mind.

These paintings in the « Epinal style » are characterized by genuine emotion and perfectly translate the true atmosphere of freedom that people felt at that time.

However, these paintings are meant to carry their own emotion and may sometimes slightly derive from the actual historical truth. This pamphlet has also a pedagogical purpose, hence the texte was written by Georges Bernage, a historian specialized in the Battle of Normandy period. It is translated into English so that as many children as possible can read it.

I hope that this beautiful book which is published at the eve of the anniversary of D-Day acts as a factor of recollection of this most important period of our contemporary history.

Laurent Corbin, Publisher

Ces trois personnages se sont réunis pour présenter cet ouvrage destiné à vous, nouvelle génération. Si aujourd'hui nous vivons dans un monde libre, c'est grâce à la volonté, au courage et au sacrifice de milliers d'hommes qui, le 6 juin 1944, « jour J » - « D-Day » -, débarquèrent sur les plages de Normandie, pour défendre la Liberté. Ici, le héros Bill Millin, nous honore de sa présence. Symbole vivant de ces valeurs, il se fait, pour nous, le représentant et le porte-parole de ces hommes, combattants du « D-Day », pour que puisse persister le souvenir de ce grand jour.

Au moment où sa cornemuse sonnait sur les plages de Normandie, entraînant héroïquement, sous la mitraille, les Commandos Bérets Verts de Lord Lovat, le peintre Serge de Filippi était enfant, comme vous aujourd'hui. Ce grand jour libérateur l'impressionna si fortement qu'il porta, toute sa vie, un grand intérêt pour le D-Day. Sa sensibilité, 50 ans après, a eu besoin de restituer, à travers sa peinture, les grands moments du Jour J tels qu'ils les a perçus avec ses yeux et avec son cœur d'enfant.

Ces « images d'Epinal », chargées d'émotions vraies, traduisent parfaitement ce sentiment particulier partagé, au moment, par des millions de Français, sentiment de Liberté. Ces œuvres, qui se veulent émotionnelles, n'ont aucune prétention historique. L'ouvrage se voulant, aussi, pédagogique, les textes ont été confiés à l'Historien Georges Bernage, spécialiste de la Bataille de Normandie. Ils sont présentés en deux langues, français et anglais, pour être accessibles au plus grand nombre.

Je me joins à eux pour souhaiter que ce beau livre, édité à l'occasion des commémorations du 50e Anniversaire du Débarquement de Normandie, puisse participer à entretenir le souvenir de ce grand événement historique.

Laurent Corbin, Editeur

This is now how Serge de Filippi explains how he has come to produce his artistic work :

« When I was 14 years old, I happened to find myself in company with my father in the neighbourhood of Sisteron and Saint-Raphaël where the Allied were starting their invasion of the Continent. I must admit that this was a real shock for me. I had the feeling that I suddently passed from the XIXth century to a new period with new types of clothes, new types of vehicles, gliders all over the vineyards near Muy, parachutes, instant coffee, strange chocolate bars (the Mars bars we eat to-day !), and curious smells from unknown cigarettes ! This was as if I had found myself amidst a new civilisation at the age of 14 years. I can still remember how friendly the Allied soldiers were. People were no longer afraid of anything, we had the impression that everything was now possible. It was the first time in my life that I had the opportunity to have a ride in a Jeep as my father and I were cycling on the road to Nice, my native town, where my mother was waiting for us. This was an unforgettable adventure that I had kept alive in my mind over the late fifty years.

For quite a number of years, as I am a painter, I have had the intention to try to explain the younger generation what I had felt at that moment of my life and can still remember so vividly.

I took me about six months to paint the reminiscences of my childhood and I did this for the mere pleasure of painting, and I am concious that sometimes I may have betrayed the historical truth.

I had the pleasure to meet a publisher at Heimdal who understood my intention and decided to publish my book. I am very grateful to my fried Bruno Oudet who has encouraged me so much to realize this pamphlet. »

It has been a great pleasure for me, as an Historian, to write the text of this book, destinated to the children. It reminds the most powerfull amphibian operation of all times, gathering with more than 40.000 of ships, vehicles and airplanes, 366.400 sailors bringing up to the beach 132.000 soldiers.

Georges Bernage, Historian

C'est ainsi que Serge de Filippi décrit l'émotion qui est à l'origine de son œuvre :

« J'avais 14 ans quand je me suis trouvé entre Sisteron et Saint-Raphaël, avec mon père. Nous sommes arrivés en plein débarquement à Saint-Raphaël, quel choc pour moi !!! Je suis passé d'un coup du XIXᵉ siècle à une époque totalement inconnue jusqu'alors : vêtements nouveaux, véhicules nouveaux, des planeurs dans les vignes, près du Muy, des parachutes, du café en poudre !!! du chocolat bizarre (les Mars actuels !), des odeurs de cigarettes inconnues. Une civilisation qui m'a pris de plein fouet à 14 ans. La gentillesse des soldats, après l'occupation allemande. On n'avait plus peur, on pouvait faire ce qu'on voulait. C'est la première fois que je suis monté dans une jeep, mon père et moi et notre vieux vélo qui nous servait de véhicule pour essayer de rejoindre Nice, ma ville natale où nous attendait ma mère. C'est une aventure inoubliable qui m'a marquée pour la vie et que j'ai enfouie dans un coin de moi et qui est restée intacte 50 ans après.

Depuis de nombreuses années je voulais mettre en images cette époque (je suis peintre) pour essayer de transmettre aux enfants ce que j'avais resenti à ce moment précis de ma vie et qui m'a impressionné pour le reste de mes jours.

J'ai travaillé six mois sur ce projet dans lequel j'ai un peu retrouvé mon enfance, sans aucun objectif commercial, rien que pour le plaisir de fabriquer ces images, peut être pas toujours très exactes sur le plan historique mais sincères.

Les Editions Heimdal que j'ai eu la chance de connaître ont bien compris le sens de mon travail et ont décidé de faire ce livre. Et merci à mon ami Bruno Oudet qui m'a poussé à commencer, car sans lui tout ça ne serait peut-être encore qu'à l'état de projet. »

En tant qu'historien, c'était pour moi un grand plaisir d'écrire le texte de ce livre qui s'adresse principalement aux enfants et rappelle la plus grande opération amphibie de tous les temps, regroupant plus de 40.000 engins maritimes, terrestres et aériens, 366.400 marins amenant 132.000 soldats. Et c'est par vous, jeunes générations que s'appuie la survivance de la mémoire.

Georges Bernage, Historien

PRÉFACE
DE BILL MILLIN (FOREWORD BY BILL MILLIN)

Bill Millin, joueur de cornemuse de Lord Lovat a débarqué le 6 Juin 1944 sur Sword Beach à la tête de la brigade de Commandos. Ce héros du Jour-J s'adresse à vous.

allways remember the sacrifices made by the soldiers who lost their lives or were seriously injured during the landings in Normandy D Day 6th June 1944. These men gave their lives not only for the liberty of the people of France but all the people of europe. The people of today have not had a major war in europe during the last 50 years due to the sacrifices made by the soldiers and resistance workers during the landings.

It is a great pleasure for me to present this book for the children. I wish the Book success. Avec mes sincères Souhaits.

Piper Bill Millin

Rappelez-vous toujours les sacrifices encourus par les soldats qui ont été gravement blessés durant les débarquements le Jour J - 6 juin 1944 - en Normandie. Ces hommes n'ont pas seulement donné leurs vies pour la liberté du peuple de France mais pour celle de tous les peuples d'Europe. Les gens d'aujourd'hui n'ont pas connu une grande guerre en Europe durant les 50 dernières années grâce aux sacrifices accomplis par les soldats et les hommes de la résistance durant les débarquements.

C'est un grand plaisir pour moi de présenter ce livre aux enfants ; je lui souhaite le succès.

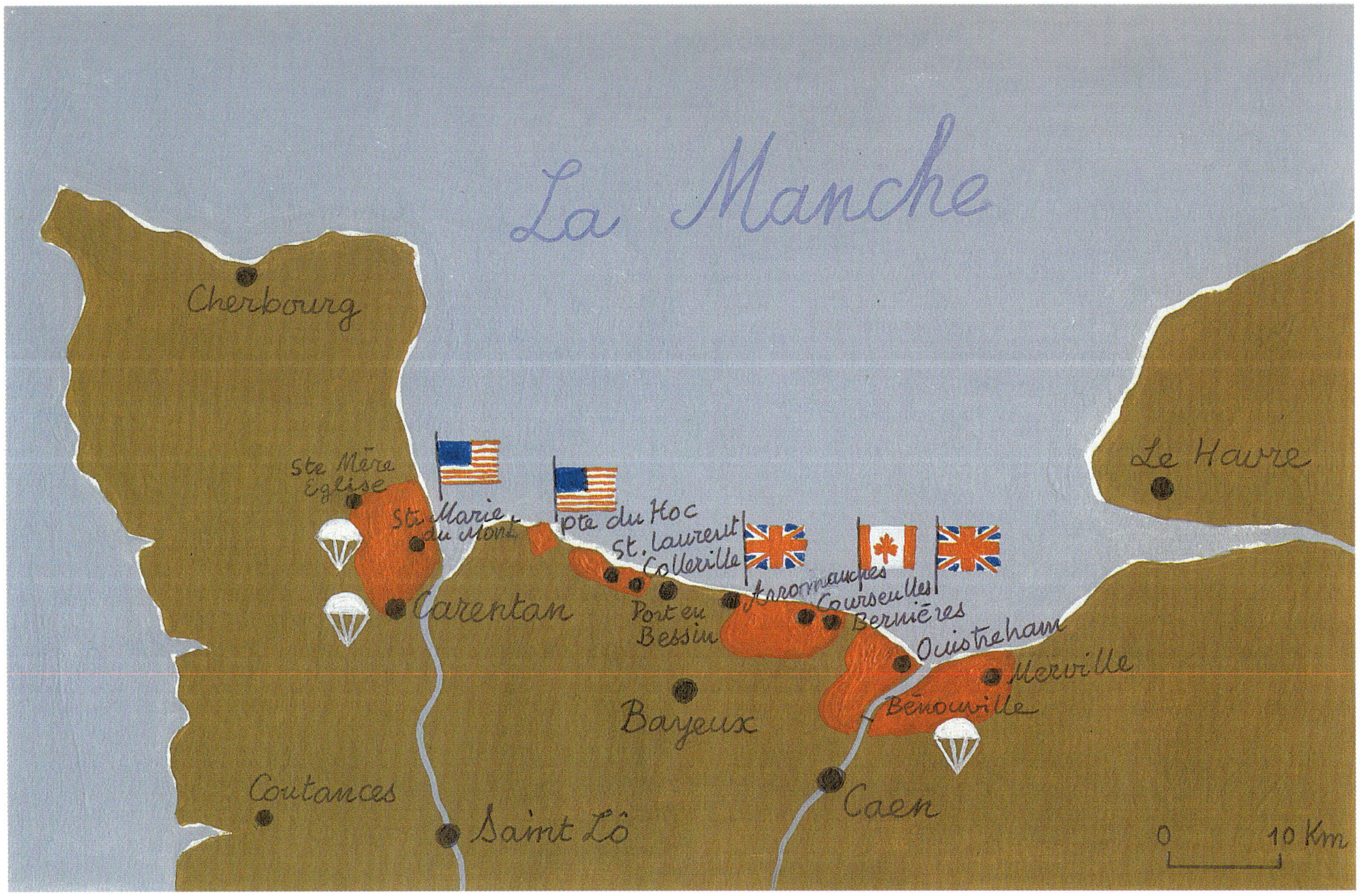

Contents - Sommaire

Overlord

In 1943, the Germans are still occupying Western Europe. In Eastern Europe, the Soviet Army is facing the bulk of the German forces and Stalin claims for the opening of a second front. After holding several conferences - Casablanca in January, Washington in May, Quebec in August, Cairo in November and finally Teheran in December - the Allied decide an invasion of France and more precisely a landing in Normandy known as the Overlord Operation. Hence, the Germans will have to fight against two fronts. Stalin's Soviet forces will thus be able to repel the German divisions from Russia and Ukraine with more efficiency while the Western Allied will thrust over the French territory in order to reach the Reich border and then the centre of Germany.

In order to carry out Overlord, the Allied Nations (USA, Great Britain and Canada) put up a huge Task Force to cross the English Channel, attack theAtlantic Wall and set foot in Normandy to conquer the French territory. The troops are to be reinforced with national units formed up with volunteers from France, Poland, Belgium, Holland and Norway.

To achieve the invasion, the Allied have to cross the English Channel and carry their troops and equipment up to the beaches. This is to be called the Neptune Plan and several thousand ship of all sorts will be used for this operation. Large warship such as battleship and cruisers will support the landing by means of their heavy guns and crush the enemy defences on the coastline. The troops are to be carried by an armada of landing craft. The landing craft consist in several types of ship : the smaller ship (LCA's and LCVP's) can carry an infantry platoon of about 35 men, others such as the LCI's can carry from 100 to 200 men. LCVP's can also carry vehicles. The LCT's can carry up to four tanks. The larger craft are the LST's which can bring the troops and equipment right upon the beaches and release their cargoes through a front panel, i.e. up to 500 tons of equipment and vehicles.

As for the land operation, the Allied are to commit three airborne divisions (two US and one British division) and six infantry divisions (three US, two British and one Canadian divisions). They are soon to be followed by six more infantry divisions, two armoured divisions and armoured brigades. More special units and brigades, such as Lord Lovat's Commando Brigade, are also to take part in the invasion on June 6th.

The operation will be supported bu a huge air support and thousands of aircraft will be committed.

Overlord

En 1943, les Allemands occupent encore toute l'Europe occidentale. A l'est, les Soviétiques affrontent le gros des forces allemande et Staline réclame l'ouverture d'un second front. Suite à plusieurs conférences - à Casablanca en janvier, à Washington en mai, à Québec en août, au Caire et à Téhéran en novembre et décembre - les Alliés occidentaux ont décidé de débarquer en France, et plus particulièrement en Normandie, ce sera l'Opération Overlord. L'Allemagne devra alors se battre sur deux fronts. Les forces soviétiques de Staline pourront repousser plus efficacement les divisions allemandes en Russie et en Ukraine tandis que les Alliés occidentaux avanceront en France pour atteindre la frontière du Reich puis le cœur de l'Allemagne.

Pour l'Opération Overlord, les principaux pays alliés (USA, Grande-Bretagne, Canada) rassemblent les énormes moyens dont ils ont besoin pour traverser la Manche, percer le Mur de l'Atlantique, et prendre pied en Normandie, puis foncer dans l'intérieur de la France. Les trois alliés auront à leurs côtés des unités nationales formées avec des volontaires venus de l'Europe occupée : Français, Polonais, Belges, Hollandais, Norvégiens.

Pour réussir le débarquement, il faut franchir la Manche et amener hommes et matériels sur les plages, ce sera le plan Neptune. Il y aura des milliers de navires de toutes sortes. Ce sont tout d'abord les gros navires de bataille, cuirassés et croiseurs, qui appuieront le débarquement avec leurs puissants canons, en écrasant les défenses côtières. Mais ce sont aussi les très nombreuses péniches de débarquement. Il y en a pour tous les usages. Les plus petits (LCA, LCVP) emmènent une section d'infanterie de 35 hommes, d'autres (LCI) emmènent 200 hommes ou 100 hommes (selon les modèles). Le LCVP peut aussi transporter un camion. Les LCT transportent trois ou quatre chars. Les plus spectaculaires sont les LST, énormes péniches qui peuvent arriver jusqu'à la plage et débarquer, par leurs portes avant et leurs pont-levis, jusqu'à 500 tonnes de matériel, des chars et des véhicules.

Pour l'opération terrestre, les Alliés engagent trois divisions aéroportées (deux américains, une britannique) et six divisions d'infanterie (trois américaines, deux britanniques et une canadienne). Elles seront rapidement suivies de six autres divisions d'infanterie, de deux divisions blindées et deux brigades blindées. D'autres unités spéciales et brigades (comme celle de Lord Lovat) débarqueront aussi le 6 juin.

Par ailleurs, l'appui aérien sera considérable, des milliers d'avions vont appuyer cette opération.

The paratroopers overnight

The two landing zones on either side of the allied sector will be conquered and supported by an airborne assault.

West of the Cotentin peninsula, two airborne American Divisions - the 82nd and the 101st - will be released during the night from 5th to 6th June. The 82nd Airborne Division will conquer Sainte-Mère-Eglise village which happens to be an important crossroads, so as the passage points in the flooded area near the Merderet river. The 101st Airborne Division will be released East of that sector just behind the 82nd Division, in the rear of the landing zone at Utah Beach, in order to protect the area.

Further East, beyond the Orne river and the Sword Beach landing zone, the 6th Airborne Division, a British airborne unit under command of Lt-General Gale, is also to be released. Its mission is to conquer and hold a bridgehead East of the Orne river in order to give support to the landing operation at Sword Beach. An airborne company under command of Major Howard will conquer Bénouville Bridge (across the canal from Caen to the sea) and Ranville bridge (across the Orne river). Both bridges were regarded as eventual passage points linking the airborne bridgehead to the troops landed previously at Sword Beach.

La nuit des paras

Les deux flancs du débarquement allié seront conquis et protégés par un assaut aéroporté.

Ainsi, à l'ouest, dans la presqu'île du Cotentin, deux divisions aéroportées américaines (la 82e et la 101e) vont être larguées dans la nuit du 5 au 6 juin. La 82e Airborne Division prendra le bourg de Sainte-Mère-Eglise qui est un important carrefour routier ainsi que les points de passage sur les zones inondées du Merderet. La 101e Airborne Division sautera à l'est de la 82e, juste en arrière de la zone de débarquement de Utah Beach, afin de protéger ce secteur.

A l'est, au-delà de l'Orne et du secteur de débarquement de Sword Beach, va sauter la 6e Airborne Division, une unité aéroportée britannique commandée par le général Gale. Elle devra prendre et tenir une tête de pont à l'est de l'Orne afin de protéger le débarquement sur Sword Beach. Par ailleurs, une compagnie aéroportée, commandée par le Major Howard, prendra les ponts de Bénouville (sur le canal de Caen à la mer) et de Ranville (sur l'Orne). Ces deux ponts étaient en effet des points de passage reliant la tête de pont aéroportée aux troupes débarquées à Sword Beach.

The American Airborne troops

Soon after midnight on 6th June, 1944, twin-engined C-47 aircraft are roaring over the Cotentin peninsula to release airborne troops. Pathfinders are dropped first to beacon the dropping zones, then the 82nd Division is to be released over Sainte-Mère-Eglise to conquer an important crossroads and the « Chaussée de la Fière » sector across the marshlands West of the Norman village of Sainte-Mère-Eglise. The 101st Division is to be released East to take the beach exits and link up with the troops landed at Utah Beach while the 82nd Division is dropped in the South and will head to Carentan.

The mission of the airborne troops is to settle a bridgehead until reinforcements are landed at Utah Beach.

The parachutes will open like gigantic flowers in the sky and at 01.47 A.M., the troops of the 2nd Battalion of the 505th Regiment will achieve a perfect landing.

Les parachutistes américains

Peu après minuit, le 6 juin 1944, le ciel du Cotentin s'emplit du grondement des bimoteurs C-47 qui vont larguer des parachutistes. Ce sont tout d'abord les « éclaireurs » qui arrivent pour baliser les zones de saut. Puis ceux de la 82ᵉ Division vont sauter sur Sainte-Mère-Eglise pour prendre cet important carrefour de routes et s'emparer de la « Chaussée de la Fière » qui traverse des zones inondées à l'ouest du bourg normand de Sainte-Mère. Quant aux parachutistes de la 101ᵉ Division, ils doivent sauter à l'est (pour prendre les sorties de plage et faire leur jonction avec les troupes débarquées à Utah Beach) et au sud de leurs camarades de la 82ᵉ Division (pour marcher ensuite sur Carentan). Ensemble, les paras des deux divisions doivent constituer une tête de pont en attendant le débarquement sur Utah Beach.

Les corolles des parachutes vont se déployer dans la nuit comme de grandes fleurs ; à 1 h 47 du matin, les hommes du 2ᵉ bataillon du 505ᵉ régiment de paras font un saut parfait.

De Filippi

The airborne troops overnight

The German anti-aircraft defence has diverted many aircraft off their original route and quite a number of paratroopers will land out of the expected zones. Some will even get drowned in the flooded sector near the Fière area. Civilians will help troops who have got astray in Sainte-Mère-Eglise marshlands, while other partroopers land in gardens and cottage yards. The civilian population is amazed at the sight of the airborne droppings. The Americans are also surprised at the type of countryside they find, especially at the quickset hedgerows crisscrossing the bocage.One of them mentions the « five to seven feet high hedgerows, covered with brambles and lined up with trees ». While they are gathering in order to head to Sainte-Mère-Eglise, the paratroopers can hear the clicking of the metal clips that they use as a sign of recognition and also the sound of the rifleshots.

Les paras dans la nuit

Mais les tirs de la DCA allemande ont dispersé bien des avions et de nombreux paras vont atterrir en dehors des zones prévues. Certains vont même se noyer dans les secteurs inondés du Merderet autour de la Chaussée de la Fière. Des civils normands vont aider des paras américains égarés dans les marais. A Sainte-Mère-Eglise, des parachutistes vont arriver au sol dans les jardins ou les cours des maisons. Les civils sont surpris en voyant ces soldats tomber du ciel. Les Américains seront eux aussi surpris par le paysage étrange qu'ils vont rencontrer, en particulier les haies épaisses du bocage normand. L'un d'eux se rappelle ces haies de « cinq à sept pieds de haut, couvertes de haut en bas avec une jungle de buissons et de rangées d'arbres ». Dans la nuit, en se rassemblant vers Sainte-Mère-Eglise, les paras entendront les cliquettements des criquets métalliques (un signe de ralliement) et le claquement des fusils.

DeFilippi

The church steeple at Sainte-Mère-Eglise

The airborne troops have been released in a pitch dark night. Many have got astray and have enormous difficulty to rally their meeting points. At Sainte-Mère-Eglise, a house is burning, thus causing some dim light throughtout the night. The church bells are rung to call for volunteers to come and fight against the fire.

Paratroopers fall throughout the whole area and one of them bounces and slides down the steeple of the medieval church before reaching the ground. Another soldier keeps clinging against the church wall as his parachute has caught in e pinnacle. John Steele will remain in this situation all night and thus found his place in history as the Germans with draws from the village at dawn.

Le clocher de Sainte-Mère-Eglise

Au milieu de la nuit sombre, les paras sont tombés partout, dispersés, égarés, mettant des heures, pour certains d'entre eux à rejoindre leur point de ralliement. A Sainte-Mère-Eglise, il y avait, cette nuit-là, un incendie, une maison brûlait et cette tache lumineuse surgissait de la nuit. A proximité, les cloches de l'église sonnaient pour appeler la population à éteindre le feu. Des paras tombent tout autour, l'un d'eux glisse sur le toit de l'église médiévale avant d'atteindre la place. Un autre reste accroché au clocher, son parachute s'est pris dans un pinacle, son nom pasera à l'Histoire : John Steele restera suspendu là tandis que des Allemands se trouvant dans le clocher partiront avant l'aube, sous le couvert de la nuit.

DeFilippi

Major Howard's troops attack Bénouville Bridge

Three gliders land with utmost accuracy and silence soon after midnight near Bénouville Bridge. Two more land further East near Ranville swing bridge. Major Howard orders his troops to assault Bénouville bridge. The Germans are caught off guard and the bridge is soon conquered after a short fight. But, Major Howard's mission is not yet completed for he has to hold the spot firmly until his troops are relieved. Ranville bridge has also been conquered in the meantime and a junction can be achieved with the airborne troops.

Le Major Howard à l'assaut du pont de Bénouville

Dans le plus grand silence, et avec une incroyable précision, trois planeurs se posent peu après minuit à proximité du pont levant de Bénouville. Deux autres planeurs se posent un peu plus à l'est près du pont tournant de Ranville. Sous le commandement de leur chef, le Major John Howard, les hommes bondissent vers le pont de Bénouville. Les Allemands sont surpris, le combat est bref et le pont est rapidement pris par les Britanniques mais la mission du Major Howard n'est toutefois pas terminée, il doit tenir avec ses hommes jusqu'à ce qu'on vienne le relever. Le pont de Ranville a aussi été pris et, là, la jonction sera établie avec les paras.

De Filippi

The Merville Battery

East of the Orne river, North of the zone where the 6th Airborne Division paratroopers are to be released, a German batery may threaten Sword Beach with its guns. Lieutenant Colonel Otway and the 9th Battalion The Parachute Regiment have to neutralize them. The dropping is achieved at 02.5. A.M. but the troops are scattered over the zone. At 03.00 A.M. Otway has only managed to gather about 150 men and the heavy equipment of the unit has been lost. Despite this, he launches an attack with the available troops. Some reinforcements are brought by two gliders which land near the battery and the fight will continue for the next two hours.

The battery is eventually neutralized and the 75 mm guns destroyed. At 06.00 A.M. Lieutenant Colonel Otway's unit leave the position with a number of wounded after taking German prisoners.

La batterie de Merville

A l'est de l'Orne et au nord du secteur où les paras de la 6th Airborne Division ont sauté, se trouve une batterie d'artillerie allemande dont les canons peuvent menacer Sword Beach. Le lieutenant-colonel Otway et ses hommes du 9ᵉ bataillon de paras ont pour mission de la neutraliser. Le saut a lieu vers deux heures du matin mais les hommes sont dispersés. A 3 heures du matin, Otway n'a pu rassembler que 150 d'entre eux et le matériel lourd est perdu. Cependant, il va lancer l'attaque avec les troupes dont il dispose. Quelques renforts sont amenés par deux planeurs qui atterrissent près de la batterie et le combat va se prolonger pendant deux heures.

La batterie est finalement neutralisée et les canons de 75 mm sont détruits. A 6 heures du matin, l'unité du lieutenant-colonel Otway quitte la position en emmenant ses blessés et des prisonniers allemands.

De Filippi

The early morning before the invasion

The airborne troops have set foot overnight upon the two opposite sectors of the Overlord landing zone : i.e. on the Cotentin peninsula and East of the Orne river.

On June 6th at dawn, the heavy bombers attack their targets, the Allied fleet opens fire against the German positions on the coast. The landing craft are now approaching the sea shore.

At West, the « U » Task Force is approaching the Eastern coast of the Cotentin peninsula. The ship are carrying troops of the US 4 th Infantry Division which are to be committed at Utah Beach. Because of the strong current, the landing craft will drift slightly to the South of the expected landing zone.

Twelve landing craft carrying Colonel Rudder's Rangers Battalion are facing the coastline of Calvados. In front of the Omaha Beach landing sector, elements of the 1st and 29th US Infantry Divisions are approaching a vast beach surrounded by hills.

Further East, the 50th British Infantry Division is preparing to land in the Gold Beach sector while on its left flank the Canadian troops of the 3rd Infantry Division are about to set foot upon Juno Beach.

To the right, the 3rd British Infantry Division and Lord Lovat's 1st Commando Brigade are about to land at Sword Beach.

Le matin du débarquement

Les paras ont pris pied pendant la nuit aux deux extrémités du secteur de débarquement d'Overlord : dans la presqu'île du Cotentin et à l'est de l'Orne.

L'aube du 6 juin approche : les bombardiers attaquent leurs objectifs, la flotte alliée ouvre le feu sur les positions côtières allemandes. Les péniches de débarquement s'approchent maintenant des côtes.

A l'ouest, la Force U s'approche de de la côte est du Cotentin. Ses navires de débarquement transportent les hommes de la 4e Division d'infanterie US qui vont prendre pied à Utah Beach. Les courants marins vont amener les péniches un peu au sud de la zone de débarquement prévue.

Face aux côtes du Calvados ce sont tout d'abord, à l'ouest, douze péniches transportant les Rangers du bataillon du colonel Rudder. Puis, face au secteur de débarquement d'Omaha Beach, des éléments des 1re et 29 e Divisions d'infanterie US s'approchent d'une grande plage de sable fin dominée par des falaises.

Un peu plus vers l'est, la 50e Division d'infanterie britannique s'apprête, quant à elle, à débarquer sur le secteur Gold Beach puis, sur sa gauche, ce sont les Canadiens de la 3e Division d'infanterie qui vont débarquer sur Juno Beach.

Plus à l'est encore, sur Sword Beach, vont débarquer la 3e Division d'infanterie britannique et la 1re Brigade de commandos de Lord Lovat.

Succes at Utah Beach - 06.40 A.M. - On the Eastern coast of Cotentin, the German defences have suffered great damage. The 4th American Infantry Division lands upon the plain seashore at Utah Beach and is supported by amphibious armoured vehicles. Their landing is a real success. The landed troops now have to rally the airborne troops released from the air carriers during the night.

Succès à Utah Beach - 6 h 40. Sur la côte est du Cotentin, les défenses allemandes ont été en grande partie réduites au silence. La 4e Division d'Infanterie américaine débarque sur la côte basse de Utah Beach avec l'appui des chars amphibies. Le débarquement est un succès total. Les troupes débarquées doivent maintenant faire leur jonction avec les paras arrivés pendant la nuit.

The attack against Pointe-du-Hoc

At Pointe-du-Hoc, West of Omaha Beach, the Germans have positioned a battery strong of six 155 mm guns which threaten both Utah and Omaha sectors. The Americans have decided to attack the enemy artillery position from the sea but the high clay and chalk cliffs have to be climbed first. This difficult mission is given to Lieutenant Colonel Rudder's 2nd Rangers Battalion.

After being tossed about in their 12 small LCA's, the 224 Rangers are landed at bottom of the cliffs. They throw grapnels to the top of the cliffs by means of special guns and they climb their way up on rope ladders. Once they face the enemy, they gradually conquer the position and they are only joined by the landed troops the next evening. They finally find the guns in a hollow path South of the battery position.

A l'assaut de la Pointe du Hoc

A la Pointe du Hoc, à l'ouest de la plage d'Omaha Beach, les Allemands ont installé une batterie de six puissants canons de 155 mm qui menacent les deux secteurs de plage : Utah et Omaha. Les Américains ont décidé de prendre d'assaut, par la mer, ce cap où se trouve cette position d'artillerie mais il faut escalader de hautes falaises de calcaire et d'argile. Cette difficile mission est confiée au 2e bataillon de Rangers du lieutenant-colonel Rudder.

Les 224 Rangers, ballotés au milieu des vagues dans leurs 12 petites péniches LCA, arrivent au pied des falaises. Là, des grappins tirant une échelle de corde sont envoyés en haut des falaises à l'aide de petits canons lance-grappins. Les Rangers vont ainsi escalader la falaise à l'aide d'échelles de corde. Face aux Allemands, les Rangers vont prendre progressivement la position ; ils ne seront rejoints par les troupes débarquées à Omaha Beach que le lendemain en fin de journée. Ils auront découvert les canons cachés dans un chemin au sud de la batterie.

OB 330
USN
De Filippi

Omaha Beach - At 06.30 A.M. the landing craft are approaching Omaha Beach which is surrounded by cliffs where German defences are still powerful. The first wave of troops has now landed. Despite severe losses, the American infantry from the 1st and 29th Division manage to conquer the upper ground sector sometime before 09.00 A.M. after being stuck to the beach by the German defences.

La plage d'Omaha - 6 h 30. Les péniches s'approchent de la plage d'Omaha dominée par des falaises où les défenses allemandes sont intactes ; la première vague débarque. Malgré de lourdes pertes, les fantassins américains des 1re et 29e Divisions, tout d'abord cloués sur la plage, prennent pied sur le plateau peu avant 9 heures du matin.

180
537

C4 B126
De Filippi

Text from pages 30 and 31 :
Gold Beach : Bayeux as an objective - A 07.35 A.M. troops from the North of England land at Gold Beach, at Asnelles and Ver-sur-Mer; The German defences are soon crushed through while elements of the 50th Division progress along the coast towards Arromanches where the Allied are to build an artificial harbour, and to the South West to Bayeux. They will reach the town during the night and will conquer the city at dawn.

Texte pages 30-31 :
Gold Beach : objectif Bayeux ! - 7 h 35. Des soldats venus du nord de l'Angleterre débarquent sur *Gold Beach*, sur les plages d'Asnelles et Ver-sur-Mer. Les défenses allemandes sont rapidement submergées tandis que des éléments de la 50e Division progressent le long de la côte vers Arromanches (où sera installé un port préfabriqué) et, vers le sud-ouest, en direction de Bayeux. Cette ville sera atteinte dans la nuit et libérée le lendemain à l'aube.

Juno Beach - The canadians meet up with France

At 08.00 A.M., the 3rd Canadian Infantry Division lands at Juno Beach, i.e. Graye, Courseulles, Bernières and Saint-Aubin. The landing is made difficult because of the strong German defences which have first to be destroyed. To-day, one can assert that among the Allied troops the Canadians are those who achieved the deepest landing progress upon the Norman soil. Among them, one can find French speaking Canadians from « Nouvelle France » and most of them will fraternize with the Norman civilian population.

Juno Beach : le Canada retrouve la France

8 heures. La 3e Division d'infanterie canadienne débarque sur Juno Beach : Graye, Courseulles, Bernières, Saint-Aubin. Le débarquement est difficile face à des défenses allemandes qu'il faut prendre d'assaut. Mais, aujourd'hui, les Canadiens seront les soldats alliés qui auront réalisé la pénétration la plus profonde sur le sol normand. Parmi eux, il y a des Canadiens français venus de la Nouvelle France et il y aura des « retrouvailles » pleines d'émotion entre ces Canadiens et les civils normands qui ne tarderont pas à témoigner leur amitié à ces « cousins » du Nouveau monde.

BAZAR DE LA MER
291
DeFilippi

Sword Beach : Lord Lovat and Bill Millin

At 07.00 A.M., East of the landing zone, Sword Beach is the sector of the 3rd British Infantry Division, but the 1st Commando Brigade will open the way to the Orne river. The brigade is under command of Lord Lovat. He can be seen here as he sets foot out of LCI 501 on to the beach at 08.40 A.M. He is followed by his piper Bill Millin. Immediately after the landing, Bill Millin pipes his first tune and walks piping on up across the beach. They both lead the brigade to its objective : i.e. Bénouville bridge to relieve Major Howard and his troops.

Sword Beach : Lord Lovat et Bill Millin

7 h 20. A l'est de la zone de débarquement, Sword Beach a été attribuée à la 3e Division d'infanterie britannique mais c'est la 1re brigade de commandos qui ouvrira le chemin vers l'Orne. Lord Lovat commande cette brigade. Nous le voyons ici débarquer à 8 h 40 du LCI 501, il est accompagné de son joueur de cornemuse, Bill Millin. Dès le débarquement, celui-ci joue un premier air et il continuera sur la plage. Tous deux, avanceront à la tête de la brigade de commandos. Ils ont un objectif : rejoindre le pont de Bénouville pour relever le Major Howard et ses hommes.

502
501
DeFilippi

In the afternoon

The landing of the troops is stated as an overall success. In the Utah Beach sector, where the landed troops have established a junction with the airborne units of the 101st Division around Sainte-Marie-du-Mont, Brigadier Howells's Task Force is landed in the late afternoon in order to rally Sainte-Mère-Eglise and the paratroopers of the 82nd Division.

At Omaha Beach, thanks to the high spirit and courage of some soldiers, a real disaster has been avoided and the landed units have managed to set foot upon the higher ground above the beach so as in three villages, i.e. Vierville, Saint-Laurent and Colleville. Further West, at Pointe-du-Hoc, the Rangers have conquered part of the position but they are still beleaguered by German units.

At Gold Beach, the 50th Division has headed to Bayeux and will conquer the city the following day by dawn. It also holds the Arromanches area where elements of the prefabricated harbour will be carried very soon. As for the 47th R.M. Commando, it is on its way to Port-en-Bessin.

At Juno Beach, the Canadians of the 3rd Division have headed deep into the hinterland and their scouts are stationed near road 13 which was their objective on D-Day.

At Sword Beach, after a successful landing, the progress of the 3rd British Infantry Division is slowed down a great deal by the 21st Panzer Division. On the East flank, Lord Lovat's Commando Brigade has arived to reinforce the airborne bridgehead East of the Orne river.

On the beaches, the landing craft are soon bringing the reinforcements in men and equipment as it can be seen on pages 38 and 39. These are elements disembarked on Omaha Beach. Time is now for the Allied and the Germans to begin a an actual race for victory.

L'après-midi

Partout, le débarquement a été un succès. Dans le secteur d'Utah Beach, où les troupes débarquées ont établi leur jonction avec les paras de la 101ᵉ Division, autour de Sainte-Marie-du-Mont, le groupement du général de brigade Howell débarque en fin d'après-midi pour établir la jonction à Sainte-Mère-Eglise avec les paras de la 82ᵉ Division.

A Omaha Beach, le courage de quelques-uns a permis d'éviter le désastre et les éléments débarqués ont pris pied sur le plateau dominant la plage et dans trois villages : Vierville, Saint-Laurent, Colleville. Plus à l'ouest, à la Pointe du Hoc, les Rangers ont pris une bonne partie de la position mais sont encore encerclés.

Sur Gold Beach, la 50ᵉ Division s'est avancée jusque devant Bayeux où elle entrera le lendemain à l'aube. Elle tient Arromanches où pourront rapidement être amenés les éléments du futur port préfabriqué. Quant au 47ᵉ Commando, il s'approche de Port-en-Bessin.

A Juno Beach, les Canadiens de la 3ᵉ Division se sont profondément enfoncés dans l'intérieur, leurs éléments avancés s'approchent de la RN 13 qui était leur objectif du Jour J.

A Sword Beach, après un débarquement réussi, l'avance de la 3ᵉ Division d'infanterie britannique vers Caen est considérablement ralentie par la 21ᵉ Division de panzers. Sur le flanc est, la brigade de commandos de Lord Lovat est venue renforcer la tête de pont aéroportée à l'est de l'Orne.

Et, déjà, sur les plages, les bateaux de débarquement amènent hommes et matériels en renfort (comme le montre la peinture des pages 38 et 39 — renforts sur Omaha Beach). C'est maintenant une course de vitesse entre les Alliés et les Allemands.

US 315
US 705
016

US 84
DeFilip

The arrival of the Gliders

Both American airborne divisions have an glider infantry regiment as reinforcements. The regiments arrive in the afternoon. The gliders permit a very accurate landing upon the target but Norman hedges are terrible obstacles and the units undergo severe losses. These gliders also permit to carry heavy equipment such as Jeeps, guns and a medical unit which will be set up at Colombières Manor. The airborne bridgehead is firmly holding the sector by that time.

L'arrivée des planeurs

Les deux divisions de parachutistes américains disposent chacune d'un régiment d'infanterie aéroportée. Ces renforts arrivent dans l'après-midi. Les planeurs permetent d'atterrir sur l'objectif avec une plus grande précision mais les haies normandes sont des obstacles redoutables et les pertes seront assez élevées. Ces planeurs vont aussi permettre d'amener des moyens lourds : Jeeps, canons et aussi un hôpital de campagne qui s'installera au château de Colombières. La tête de pont aéroportée est maintenant solidement établie.

3
DeFilippi

Cotentin : the junction

During the night, the paratroopers of the 101st Division have managed to conquer most of their objectives. They are stationed in the neighbourhood of Sainte-Marie-du-Mont, between the main road from Carentan to Sainte-Mère-Eglise (this latter village is held by the troops of the 82nd Division) and the marshy area just past the coastline.

At dawn, as refered to at pages 24 and 25, the 4th US Infantry Division landed at Utah Beach. The landing is completed with hardly any casualties. Then the American Infantry is to march through the marshland opposite to the beach and progress into the hinterland. Further on, they manage to rally the partroopers of the 101st Airborne Division, as it can be seen on this picture.

Cotentin : la jonction

Pendant la nuit, les paras de la 101e Division ont réussi à prendre la plupart des objectifs qui leur étaient attribués. Ils se sont installés autour de Sainte-Marie-du-Mont, entre la route nationale menant de Carentan à Sainte-Mère-Eglise (localité tenue par les paras de la 82e Division) et la zone inondée qui précède la zone côtière.

A l'aube, ainsi que nous l'avons vu aux pages 24 et 25, la 4e Division d'infanterie US a débarqué sur Utah Beach ; débarquement réussi avec peu de pertes. Puis les fantassins américains vont traverser la zone inondée se trouvant derrière la plage et s'enfoncer dans les terres. Là, ils vont rapidement établir la jonction avec les paras de la 101e Airborne Division, comme nous le montre cette peinture.

De Filippi

Sainte-Mère-Eglise

After the arrival of the airborne troops during the night, the German soldiers of the local garrison have pulled back a little before dawn. Then, the American paratroopers get entrenched in a defensive outlay around the Norman village. At 09.30 A.M., at Fauville, they repel a German counter-attack form the South. The Germans are also repelled while they attempt to launch another attack from Neuville-au-Plain North of the village. The junction between the landed troops is to be achieved on the following day, i.e. 7th June at approximately 12.00 P.M. Major-General Collins, who commands the VIIth Army Corps, arrives on that day at 15.00 P.M.

The civilian population has remained in the village with the American paratroopers all along the battle which is to go on until the last German counter-attack on June 7th, at 17.30 P.M. This will be the first step towards a solid friendship between tht civilian population and the American soldiers. On this picture, one can see Monsieur Alexandre Renaud, Mayor of the village, and Reverend Rouland standing by

Sainte-Mère-Eglise

Après l'arrivée des paras dans la nuit, les Allemands de la garnison locale ont décroché avant l'aube. Puis les paras américains se sont installés sur la défensive autour du bourg normand. A 9 h 30, une contre-attaque allemande venant du sud, de Fauville, échoue. Les Allemands lancent une nouvelle contre-attaque, qui échoue, depuis Neuville-au-Plein, au nord de la localité. La jonction des troupes débarquées se fera le lendemain 7 juin vers midi. Le général Collins (qui commande le VIIe corps d'armée) arrivera même vers 15 heures ce même jour.

Les civils ont vécu dans le bourg auprès des paras américains pendant cette bataille qui se prolongera jusqu'à la dernière contre-attaque allemande le 7 juin vers 17 h 30. Ce sera le début d'une longue amitié entre ces civils normands et les paras américains. Sur cette peinture, on aperçoit devant la façade de l'église, le maire, M. Alexandre Renaud, et l'abbé Rouland.

De Filippi

The arrival of Lord Lovat

Major Howard and his troops have been clinging firmly to the ground overnight until noon to protect Bénouville Bridge from German counter-attacks. Lord Lovat's Commandos have landed at Sword Beach and are now heading to Bénouville. Lovat's Piper Bill Millin is piping the troops along playing well known Scottish tunes.

At 13.00 P.M. Major Howard and his troops can hear the piping. The reinforcements have finally arrived. Howard and Lovat shake hands warmly while the Green Berets (Commandos) and the Red Berets (Airborne) are gathering on the bridge which will be named later « Pegasus Bridge » according to the badge that the airborne troops wear on their sleeves. In this picture, one can see Bill Millin playing the pipes while lord Lovat is shaking hands with Major Howard. On the opposite bank, one can make out the gliders which have landed Howard and his troops.

L'arrivée de Lord Lovat

Le Major Howard et ses hommes se sont accrochés au terrain toute la nuit, jusqu'à midi, pour protéger le pont de Bénouville des contre-attaques allemandes. Lord Lovat et ses commandos ont débarqué à Sword Beach et marchent maintenant vers Bénouville. Bill Millin, le joueur de cornemuse de Lord Lovat joue des airs écossais à la tête des troupes tout le long du chemin.

A 13 heures, le Major Howard et ses hommes entendent le son de la cornemuse ; les renforts sont en train d'arriver. Sur cette peinture, nous voyons John Howard (béret rouge) et Shimi Fraser of Lovat (béret vert) se serrer la main chaleureusement tandis que bérets verts (commandos) et bérets rouges (aéroportés) se rencontrent sur ce pont qu'on appellera « Pegasus Bridge » en rappel du badge que les troupes aéroportées portent sur la manche. Nous voyons aussi Bill Millin jouer de la cornemuse. Sur l'autre rive, on aperçoit les planeurs qui ont amené Howard et ses hommes.

12
T187875
DeFilipp

Imprimé en Rep. Tchèque par IMPEX (1-46486775).